Milet

Picture
Dictionary
English·Italian

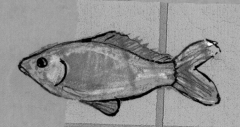

Text by **Sedat Turhan**

Illustrations by **Sally Hagin**

COLOURS/COLORS
I COLORI

red
rosso

orange
arancione

yellow
giallo

green
verde

blue
blu

Milet
Picture
Dictionary
English·Italian

Milet Publishing Ltd
6 North End Parade
London W14 OSJ
England
Email info@milet.com
Website www.milet.com

First published by Milet Publishing Ltd in 2003

Text © Sedat Turhan 2003
Illustrations © Sally Hagin 2003
© Milet Publishing Ltd 2003

ISBN 1840593547

Sedat Turhan and Sally Hagin have asserted their moral
rights to be identified as the author and illustrator of
this work, in accordance with the Copyright, Design and
Patents Act 1988.

Printed in Belgium

purple
viola

grey
grigio

pink
rosa

black
nero

white
bianco

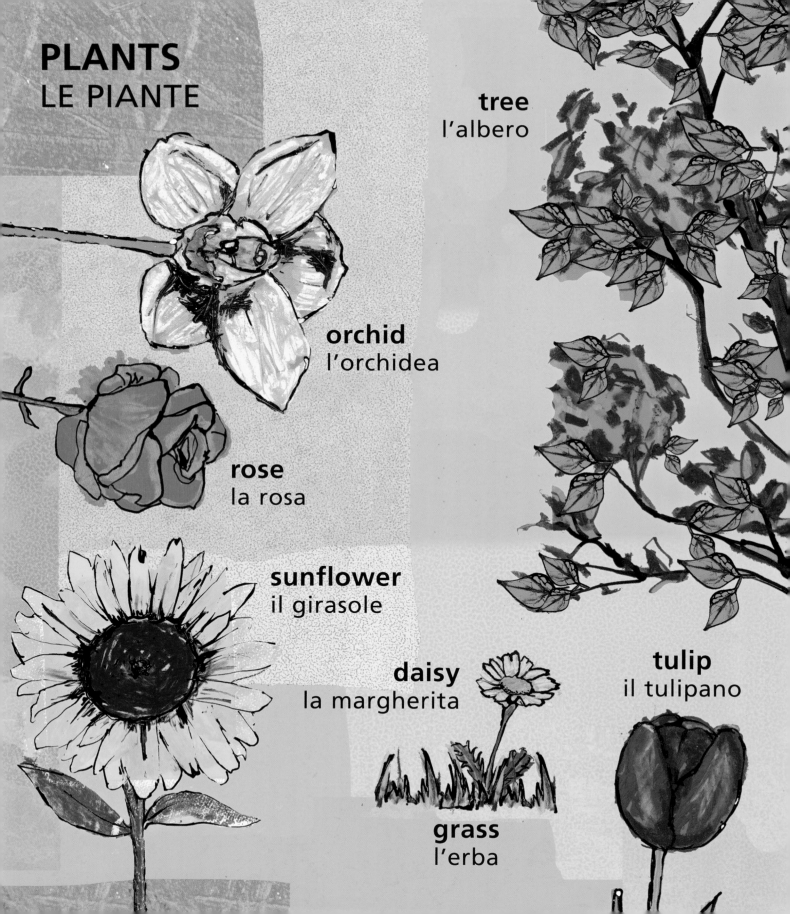

PLANTS
LE PIANTE

tree
l'albero

orchid
l'orchidea

rose
la rosa

sunflower
il girasole

daisy
la margherita

tulip
il tulipano

grass
l'erba

lily
il giglio

branch
il ramo

daffodil
il narciso

leaf
la foglia

watering can
l'annaffiatoio

cactus
il cactus

plant pot
il vaso

FRUIT
LA FRUTTA

kiwi
il kiwi

cherry
la ciliegia

apricot
l'albicocca

pear
la pera

fig
il fico

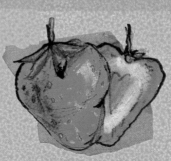

peach
la pesca

strawberry
la fragola

banana
la banana

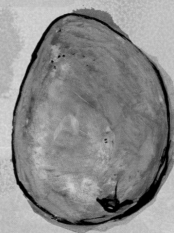

mango
il mango

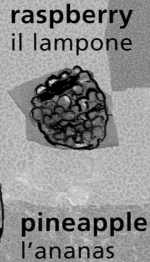

orange
l'arancia

apple
la mela

blueberry
il mirtillo

lemon
il limone

grapes
l'uva

avocado
l'avocado

raspberry
il lampone

grapefruit
il pompelmo

pineapple
l'ananas

ANIMALS
GLI ANIMALI

lion
il leone

zebra
la zebra

tiger
la tigre

giraffe
la giraffa

elephant
l'elefante

penguin
il pinguino

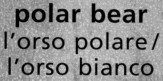

duck
l'anatra

polar bear
l'orso polare /
l'orso bianco

cow
la mucca

rooster
il gallo

goat
la capra

sheep
la pecora

horse
il cavallo

ANIMALS & INSECTS
GLI ANIMALI E GLI INSETTI

bird
l'uccello

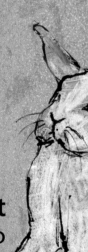

dog
il cane

cat
il gatto

rabbit
il coniglio

frog
la rana

crab
il granchio

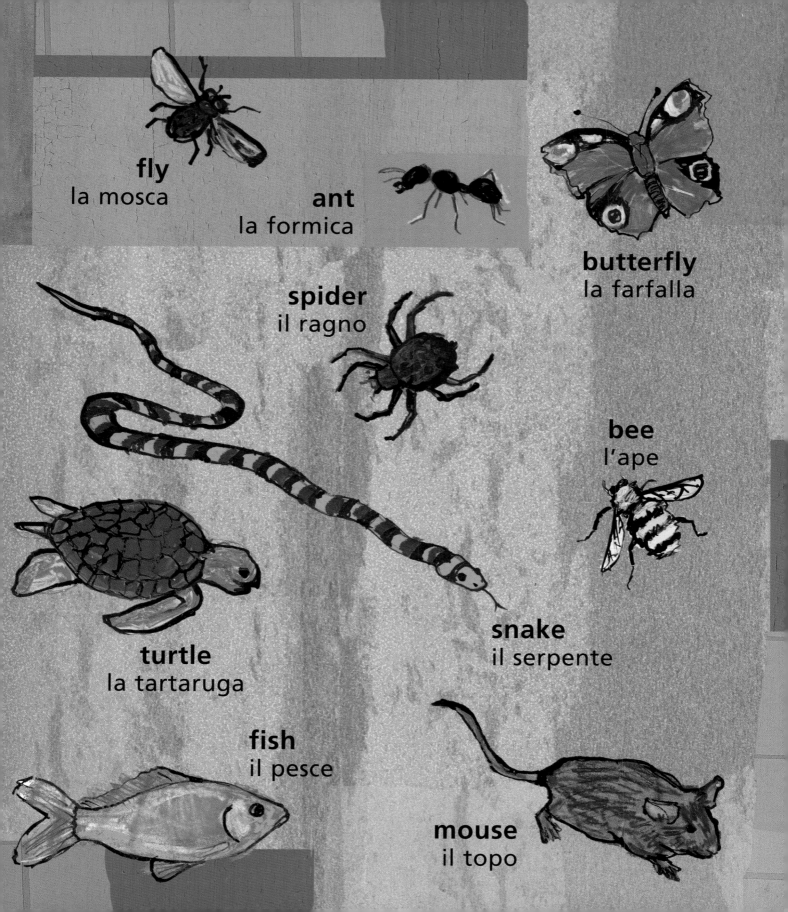

fly
la mosca

ant
la formica

butterfly
la farfalla

spider
il ragno

bee
l'ape

turtle
la tartaruga

snake
il serpente

fish
il pesce

mouse
il topo

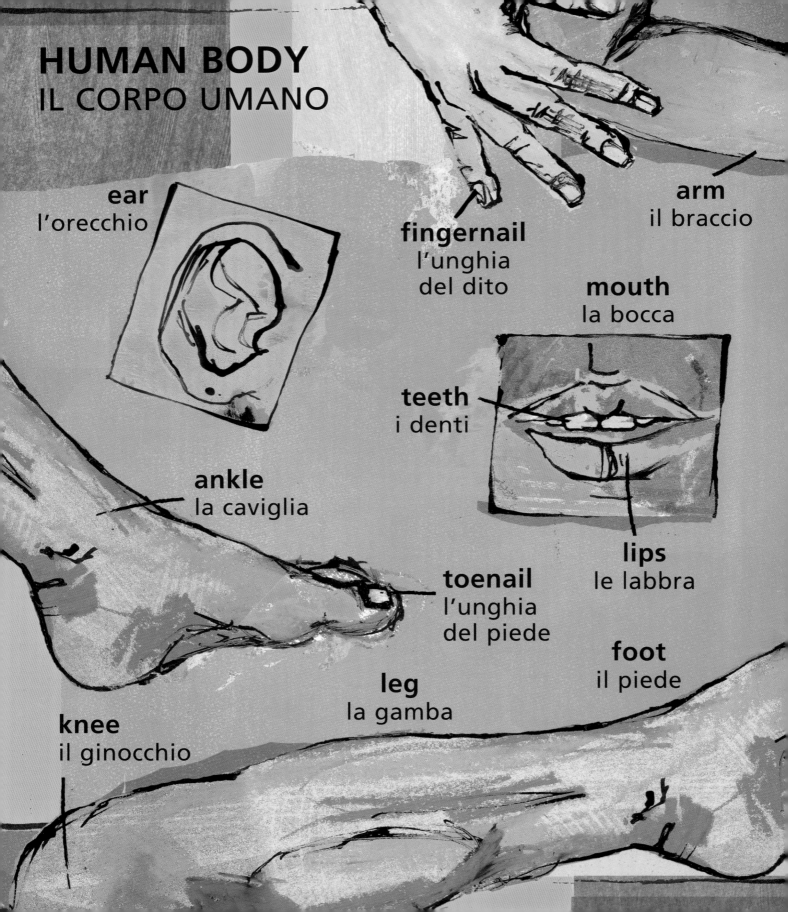

HUMAN BODY
IL CORPO UMANO

ear
l'orecchio

fingernail
l'unghia
del dito

arm
il braccio

mouth
la bocca

teeth
i denti

lips
le labbra

ankle
la caviglia

toenail
l'unghia
del piede

foot
il piede

leg
la gamba

knee
il ginocchio

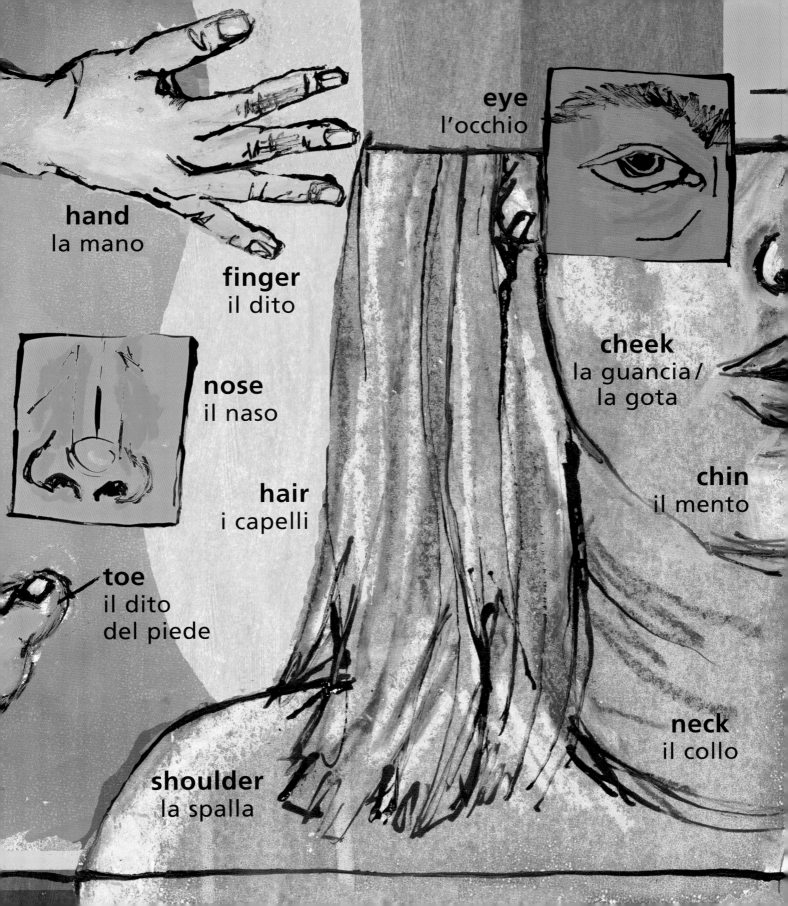

eye
l'occhio

hand
la mano

finger
il dito

cheek
la guancia/
la gota

nose
il naso

chin
il mento

hair
i capelli

toe
il dito
del piede

neck
il collo

shoulder
la spalla

HOUSE & LIVING ROOM
LA CASA E IL SOGGIORNO

roof
il tetto

chimney
il camino

house
la casa

door
la porta

armchair
la poltrona

key
la chiave

candle
la candela

light bulb
la lampadina

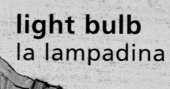

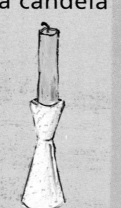

picture
il quadro

bookshelf
la libreria

cabinet
il mobiletto

window
la finestra

curtain
la tenda

vase
il vaso

sofa
il sofà / il divano

lamp
la lampada

side table
il tavolino

KITCHEN
LA CUCINA

bowl
la ciotola

glass
il bicchiere

refrigerator
il frigorifero

plate
il piatto

napkin
il tovagliolo

teapot
la teiera

cup
la tazzina

table
il tavolo

chair
la sedia

spoon
il cucchiaio

knife
il coltello

fork
la forchetta

frying pan
la padella

saucepan
la casseruola

oven mitt
il guanto da forno

dishcloth
lo strofinaccio

toaster
il tostapane

stove
la cucina

sink
il lavello

oven
il forno

VEGETABLES
LE VERDURE

potato
la patata

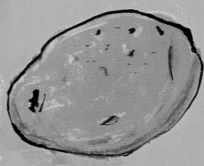

green bean
il fagiolino verde

mushroom
il fungo

asparagus
l'asparago

carrot
la carota

onion
la cipolla

pumpkin
la zucca

peas
i piselli

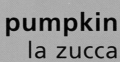

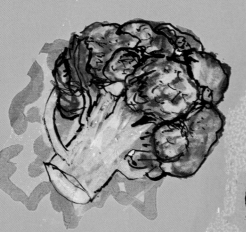

broccoli
i broccoli

okra
l'okra

tomato
il pomodoro

radish
il ravanello

corn
la pannocchia
di granturco

garlic
l'aglio

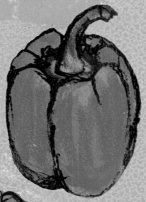

pepper
il peperone

cucumber
il cetriolo

cabbage
il cavolo

cauliflower
il cavolfiore

FOOD
I PRODOTTI ALIMENTARI

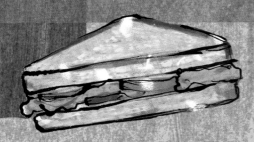

sandwich
il tramezzino/
il sandwich

bread
il pane

cheese
il formaggio

milk
il latte

butter
il burro

jam
la marmellata

egg
l'uovo

honey
il miele

cereal
i cereali

raisins
l'uvetta passita

oil
l'olio

fries
le patatine
fritte

spaghetti
gli spaghetti

fruit juice
il succo di frutta

chocolate
la cioccolata

cake
il dolce

ice cream
il gelato

BATHROOM
LA STANZA DA BAGNO

mirror
lo specchio

towel
l'asciugamano

sink
il lavandino / il lavabo

toilet paper
la carta igienica

toilet
la toilette

bathroom cabinet
l'armadietto del bagno

potty
il vasino

hairbrush
la spazzola
per i capelli

hairdryer
l'asciugacapelli/
il fon

shower
la doccia

comb
il pettine

toothpaste
il dentifricio

toothbrush
lo spazzolino da denti

shampoo
lo shampoo

conditioner
il balsamo
per capelli

soap
la saponetta

bathtub
la vasca da bagno

BEDROOM
LA STANZA DA LETTO

bed
il letto

alarm clock
la sveglia

bedside table
il comodino

hanger
l'appendiabito/
la stampella

rug
il tappeto

pillow
il cuscino

wardrobe
il guardaroba

bed cover
il copriletto

sheet
le lenzuola

blanket
la coperta

CLOTHING
L'ABBIGLIAMENTO

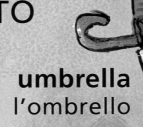

umbrella
l'ombrello

gloves
i guanti

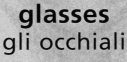

glasses
gli occhiali

button
il bottone

boxer shorts
i boxer

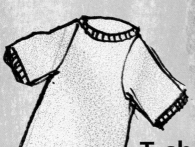

T-shirt
la maglietta/
T-shirt

underpants
le mutande

hat
il cappello

sweater
il maglione

jacket
la giacca

slippers
le pantofole

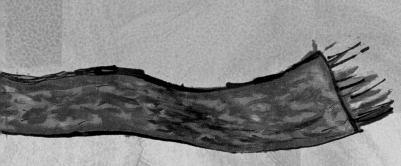

scarf
la sciarpa

backpack
lo zainetto

skirt
la gonna

shirt
la camicia

handbag
la borsa

socks
i calzini

belt
la cintura

pyjamas
il pigiama

jeans
i jeans

shoes
le scarpe

shorts
i pantaloncini

COMMUNICATIONS
LE COMUNICAZIONI

telephone
il telefono

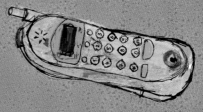

television
la televisione

DVD player
il lettore DVD

video recorder
il videoregistratore

remote control
il telecomando/
il comando a distanza

stereo
lo stereo

camera
la fotocamera/
la macchina
fotografica

video camera
la videocamera

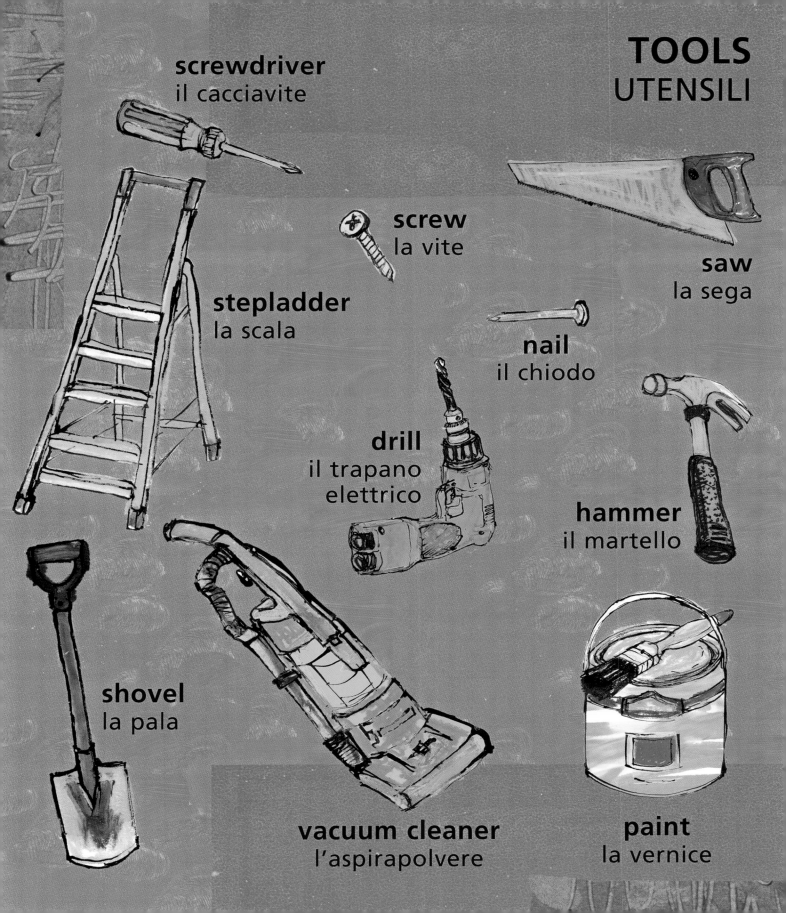

TOOLS
UTENSILI

screwdriver
il cacciavite

screw
la vite

saw
la sega

stepladder
la scala

nail
il chiodo

drill
il trapano
elettrico

hammer
il martello

shovel
la pala

vacuum cleaner
l'aspirapolvere

paint
la vernice

SCHOOL & OFFICE
SCUOLA E UFFICIO

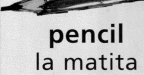

pencil
la matita

glue stick
la colla
in stick

marker
l'evidenziatore

book
il libro

stamp
il francobollo

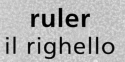

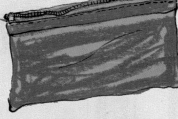

ruler
il righello

**pencil
sharpener**
l'appuntamatite

pencil case
l'astuccio

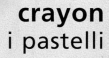

crayon
i pastelli

scissors
le forbici

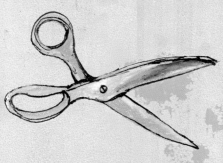

globe
il mappamondo

stapler
la pinzatrice / la cucitrice

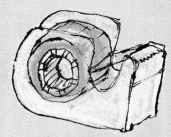

tape
il nastro adesivo

calculator
la calcolatrice /
il calcolatore

paints
gli acquarelli

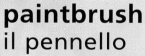

paintbrush
il pennello

pen
la penna

envelope
la busta

computer
il computer

desk
la scrivania

notebook
il blocco appunti

NUMBERS
NUMERI

one
uno

two
due

three
tre

four
quattro

five
cinque

six
sei

seven
sette

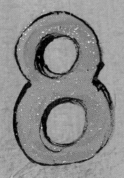

eight
otto

nine
nove

ten
dieci

hexagon
l'esagono

rectangle
il rettangolo

square
il quadrato

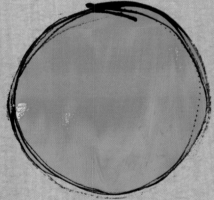

oval
l'ovale

circle
il cerchio

triangle
il triangolo

octagon
l'ottagono

MUSICAL INSTRUMENTS
GLI STRUMENTI MUSICALI

flute
il flauto

guitar
la chitarra

violin
il violino

saxophone
il sassofono

bongos
il bongo

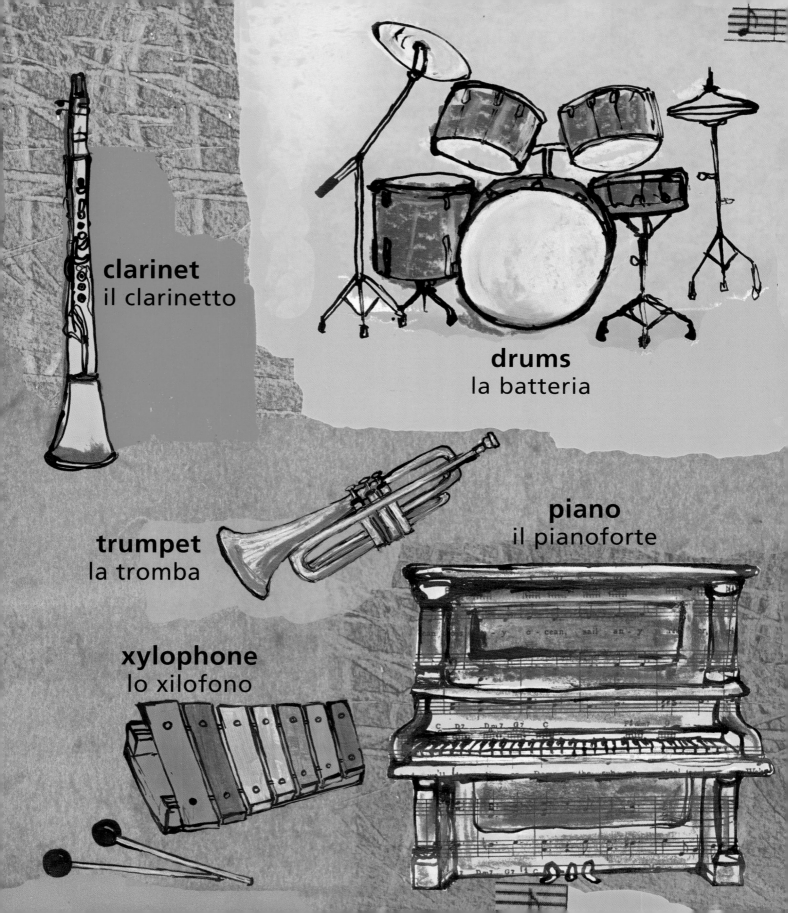

clarinet
il clarinetto

drums
la batteria

trumpet
la tromba

piano
il pianoforte

xylophone
lo xilofono

SPORTS & GAMES
GLI SPORT E I GIOCHI

skateboard
lo skateboard

video games
i video giochi

cards
le carte da gioco

**football /
soccer ball**
il pallone da calcio

ice skates
i pattini da ghiaccio

rollerblades
i pattini a rotelle

skis
gli sci

chess
gli scacchi

baseball
il baseball

glove
il guanto

bat
la mazza

basketball
il pallone da
pallacanestro

American football
il pallone da calcio americano

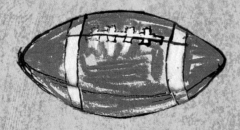

tennis ball
la pallina da tennis

tennis racket
la racchetta da tennis

cricket ball
la pallina da cricket

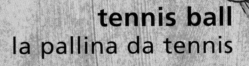

cricket bat
la mazza da cricket

TRANSPORTATION
I TRASPORTI

boat
la nave /
la barca

bicycle
la bicicletta

train
il treno

car
l'automobile

motorcycle
la motocicletta

ambulance
l'ambulanza

helicopter
l'elicottero

plane
l'aereo

fire engine
l'autopompa

bus
l'autobus

truck
l'autocarro

tractor
il trattore

SEASIDE
LA SPIAGGIA

ball
la palla

sky
il cielo

beach towel
il telo da spiaggia

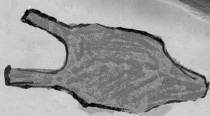

swimsuit
il costume da bagno

beach bag
la borsa da
spiaggia

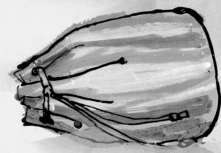

sunglasses
gli occhiali da sole

sunscreen
lo schermo solare

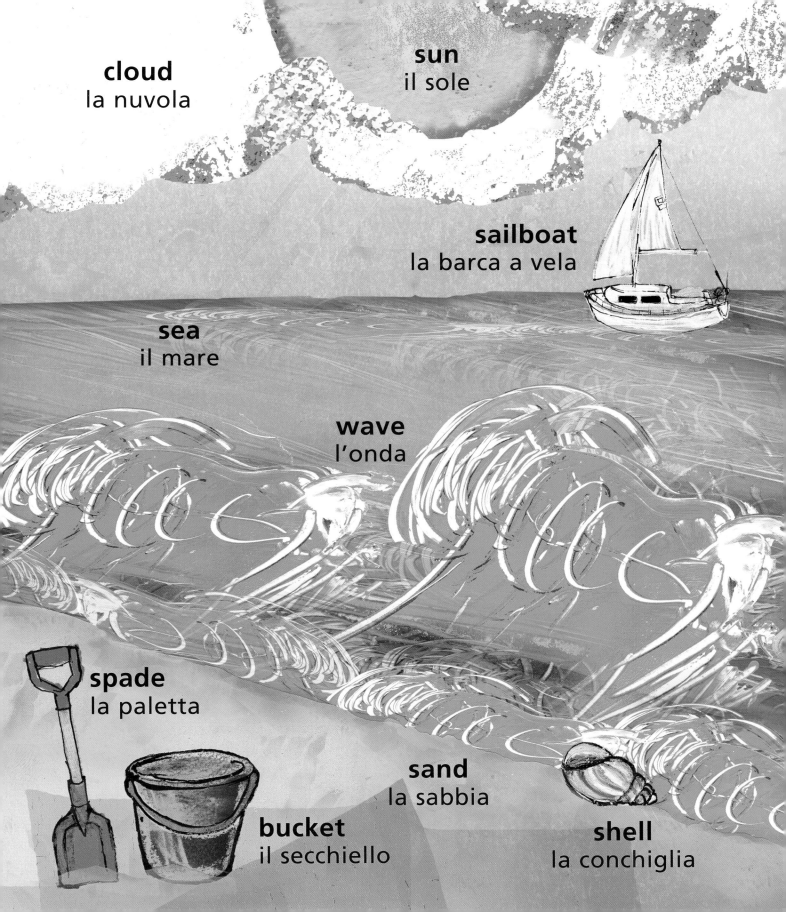

cloud
la nuvola

sun
il sole

sailboat
la barca a vela

sea
il mare

wave
l'onda

spade
la paletta

sand
la sabbia

bucket
il secchiello

shell
la conchiglia